gatto
кошка

coniglio

кролик

cane

собака

pulcino

цыпленок

anatra

утка

pecora

овца

capra
коза

maiale

свинья

asino

осёл

cavallo

лошадь

mucca

корова

topo

мышь

pipistrello

летучая мышь

ape

пчела

ragno

паук

volpe

лиса

cervo

олень

scoiattolo

белка

riccio

ёж

gufo

сова

rana

лягушка

serpente

змея

procione

 енот

pappagallo

попугай

tucano

тукан

alligatore

аллигатор

tartaruga marina

морская черепаха

fenicottero

фламинго

pinguino

пингвин

granchio

краб

medusa

медуза

foca

тюлень

squalo

акула

balena

кит

orca

косатка

stella marina
морская звезда

rinoceronte

носорог

panda

панда

scimmia

обезьяна

leone

лев

tigre

тигр

elefante

слон